Marianna Alcoforado

Portugiesische Liebesbriefe

Alcoforado, Marianna

Portugiesische Liebesbriefe

ISBN: 978-3-86267-044-4

Textgrundlage dieser Edition ist die deutsche Übersetzung von Rainer Maria Rilke, Insel Verlag/Leipzig (1913). Der Text wurde der neuen deutschen Rechtschreibung angepasst.

Auflage: 1
Erscheinungsjahr: 2011
Erscheinungsort: Bremen, Deutschland

Europäischer Literaturverlag GmbH, Fahrenheitstr. 1, 28359 Bremen (www.elv-verlag.de).

Cover: Foto "Algarve – Portugal" © almofrela (flickr); Creative Commons Lizenz

Portugiesische Liebesbriefe

www.elv-verlag.de

Erster Brief	7
Zweiter Brief	12
Dritter Brief	24
Vierter Brief	30
Fünfter Brief	36

Erster Brief

Schau, meine Liebe, wie über die Maßen Du ohne Voraussicht warst. Unselige, Du bist betrogen worden und hast mich durch täuschende Hoffnungen betrogen. Eine Leidenschaft, von der Du so viel Glück erwartet hast, ist imstande, Dir jetzt nichts als eine tödliche Hoffnungslosigkeit zu bereiten, die höchstens in der grausamen Abwesenheit einen hat, von der sie verursacht ist. Wie? Dieses Fortgehen, dem mein Schmerz bei allen seinen Einfällen keinen genügend trostlosen Namen zu geben weiß, dieses Fortgehen will mir also für immer verbieten, die Augen anzuschauen, in denen ich so viel Liebe sah, denen ich Bewegtheiten verdanke, die mich mit Freude überfüllten, die mir alle Dinge ersetzten, die mir endlos Genüge waren? Ach, die meinen haben das einzige Licht verloren, das sie belebte, es bleiben ihnen nur Tränen, und ich habe sie zu nichts anderem gebraucht als zum Weinen, unaufhörlich, seit ich erfahren musste, dass Dein Fortbleiben beschlossen sei, das ich nicht ertrage, das mich in kürzester Zeit töten wird. Doch mir scheint, ich habe eine Art Zuneigung zu dem Unglück, dessen einzige Ursache Du bist. Mein Leben war Dir zugefallen, im Augenblick, da ich Dich sah, ich freue mich irgendwie, es Dir zu opfern. Tausendmal schick ich meine Seufzer nach Dir, sie suchen

Dich an allen Orten, und wenn sie mir wiederkommen, lohnen sie mir alle die ausgestandenen Beängstigungen, indem sie mir mit der allzu aufrichtigen Stimme meines bösen Loses, das nicht will, ich soll mich beruhigen, immer wieder sagen: Hör auf, hör auf, unselige Marianna, Dich umsonst zu verzehren, hör auf, einen Liebhaber zu suchen, den Du nie mehr sehen wirst, der über das Meer gegangen ist, um Dich zu fliehen, der sich in Frankreich aufhält mitten in Vergnügungen, keinen Moment sich Deiner Schmerzen erinnert und Dir gerne diese Ausbrüche schenkt, für die er wenig Erkenntlichkeit haben kann. Doch nein, ich mag mich nicht entschließen, so schimpflich Dich abzuurteilen, es ist nur zu sehr mein eigener Vorteil, wenn ich Dich rechtfertige. Ich will mir nicht einbilden, dass Du mich vergessen hast. Bin ich nicht schon unglücklich genug, ohne mich mit falschen Verdächtigungen zu quälen? Und warum soll ich mich anstrengen, nicht mehr von all der Müh' zu wissen, die Du Dir gegeben hast, mir Deine Liebe zu bezeugen? Ich bin so hingerissen gewesen von allen diesen Bemühungen, und ich wäre recht undankbar, Dich nicht weiter mit demselben Ungestüm zu lieben, wie es meine Leidenschaft mir eingab, da sie noch die Beweise der Deinen empfing. Wie kann es geschehen, dass die Erinnerungen so anmutiger Augenblicke so ins Grausame schlagen? Und muss es sein, dass sie, wider ihre eigene

Natur, nun nur dazu dienen, mein Herz tyrannisch zu behandeln? Ach, Dein letzter Brief hat es auf einen wunderlichen Zustand herabgesetzt: Es geriet in so fühlbare Bewegung, dass es, glaub ich, Anstrengungen machte, sich von mir zu trennen, um zu Dir zu gehen. Ich war so überwältigt von der Heftigkeit aller dieser Erregungen, dass ich mehr als drei Stunden ganz von Sinnen blieb. Ich sträubte mich zurückzukehren in ein Leben, das ich um deinetwillen verlieren muss, da ich es Dir nicht erhalten darf. Gegen meinen Willen erblickte ich endlich wieder das Licht, es schmeichelte mir, zu fühlen, dass ich sterbe vor Liebe, und im Übrigen war's mir recht, nicht länger dem Anblick meines Herzens ausgesetzt zu sein, das von dem Weh Deines Fortseins zerrissen war. Nach diesen Anfällen habe ich die verschiedensten Zustände durchzumachen gehabt; aber wie sollte ich auch ohne Leiden bleiben, solange ich Dich nicht sehe. Ich ertrage sie ohne Murren, denn sie kommen von Dir. Sag, ist das Dein Lohn dafür, dass ich Dich so zärtlich geliebt habe? Aber es soll mir gleich sein, ich bin entschlossen, Dich anzubeten mein ganzes Leben lang und keinen Menschen zu sehen. Und ich versichere Dir, auch Du wirst gut daran tun, niemanden zu lieben. Könntest Du Dich begnügen mit einer Leidenschaft, die nicht die Glut der meinen hätte? Du findest, möglicherweise, mehr Schönheit (obzwar Du mir einst sagtest, ich sei eigentlich schön), aber nie, nie wirst Du so viel Liebe finden, und auf das andere alles kommt es doch nicht an. Füll Deine Briefe nicht mehr mit unnützen Dingen an und schreibe mir nicht mehr, ich solle an Dich denken. Ich kann Dich nicht vergessen und vergesse auch nicht, dass Du mir Hoffnung gemacht hast, zu kommen und einige Zeit mit mir zu sein. Ach, warum willst Du nicht, dass es das ganze Leben sei? Wenn ich heraus könnte aus diesem unseligen Kloster, so würde ich nicht hier in Portugal auf das Eintreffen Deiner Versprechungen warten: Ohne Rücksicht ginge ich hin, Dich suchen, Dir folgen und Dich lieben durch die ganze Welt. Ich wage nicht, mich damit zu verwöhnen, dass dies möglich sei, ich will keine Hoffnung nähren, aus der mir gewiss einiges Wohltun käme, ich will nur noch für Schmerzen Empfindung haben. Zugeben will ich freilich, dass die Gelegenheit, Dir zu schreiben, die mein Bruder mir verschafft hat, ein wenig Freude in mir aufrühren konnte, und dass sie die Trostlosigkeit, in der ich lebe, für einen Augenblick unterbrach. Ich beschwöre Dich, mir zu sagen, warum Du so darauf aus warst, mich einzunehmen, wie Du es getan hast, wenn Du doch wusstest, dass du mich wirst verlassen müssen? Warum diese Versessenheit, mich unglücklich zu machen? Was ließest Du mich nicht in Frieden in meinem Kloster? Hatte ich Dir irgendwas angetan?

Aber verzeih, ich lege Dir nichts zur Last; ich bin außerstand, an meine Rache zu denken; ich klage nur die Härte meines Schicksals an. Indem es uns trennt, fügt es uns, scheint mir, alles Unheil zu, das je zu fürchten war. Unsere Herzen wird es nicht zu trennen wissen. Die Liebe, die mächtiger ist als das Schicksal, hat sie vereint für unser ganzes Leben. Wenn Du einigen Anteil an dem meinen nimmst, schreib mir oft. Ich verdiene das bisschen Müh', das es Dich kostet, mich vom Stand Deines Herzens und Deiner Verhältnisse zu unterrichten. Und vor allem: komm! Adieu, ich mag mich nicht trennen von diesem Papier, es wird in Deinen Händen sein. Ich wollte, mir stünde dieses Glück bevor. Ach, ich Unvernünftige, ich sehe wohl, dass das nicht möglich ist. Adieu, ich kann nicht mehr. Adieu, hab mich lieb, immer, und lass mich noch mehr Leiden aushalten.

Zweiter Brief

Dein Leutnant sagt mir eben, Stürme hätten Dich gezwungen, im Königreich Algarve an Land zu gehen. Ich fürchte, Du hast viel auszustehen gehabt, und diese Vorstellung hat mich so in Besitz genommen, dass ich kaum mehr dazukomme, an alle meine eigenen Leiden zu denken. Bist Du sicher, dass dein Leutnant mehr Teilnahme hat, als ich, an allem, was Dir widerfährt? Warum ist er besser unterrichtet, mit einem Wort, warum hast Du mir nicht geschrieben?

Ich bin herzlich unglücklich, wenn Du seit Deiner Abreise keine Gelegenheit dazu solltest gefunden haben, und ich bin es erst recht, wenn es eine gab, und Du hast nicht geschrieben. Du tust mir äußerst unrecht, und Dein Undank ist über alle Grenzen: Aber ich wäre außer mir, wenn dieses Benehmen Dir Unheil brächte, lieber soll es ganz und gar ungestraft bleiben, als dass ich irgend auf meine Rache käme.

Ich leiste dem Anschein Widerstand, der mich überreden will, dass Du mich nicht mehr liebst; ich bin viel geneigter, mich blindlings meiner Leidenschaft zu überlassen, als den Gründen zur Klage, die aus Deiner Nachlässigkeit entstehen.

Was hättest Du mir Beunruhigungen erspart, wenn Dein Vorgehen vom Anfang unserer Bekanntschaft an so lau gewesen wäre, wie es mir schon seit einer gewissen Zeit erschien. Aber wer hätte sich nicht täuschen lassen durch so viel Eifer, wem hätte das nicht den Eindruck gemacht, aufrichtig zu sein? Man entschließt sich langsam und nur unter großer Müh', die Wahrhaftigkeit derjenigen in Zweifel zu ziehen, die man liebt. Ich fühle wohl, Du würdest die geringste Entschuldigung für hinreichend ansehen, aber selbst wenn Du gar nicht daran denkst, eine vorzubringen, meine Liebe für Dich ist so unerschütterlich auf Deiner Seite, dass ich Dir eigentlich nur deshalb eine Schuld zuschreibe, weil es mir Freude macht, Dich selber zu rechtfertigen.

Du hast mir so lange zugesetzt, bis ich vollständig eingenommen war; Dein Feuer hat mich in Brand gesteckt; die Güte, die Du für mich hattest, übte ihren Zauber aus, und schließlich waren Deine Schwüre da, mich sicher zu machen. Die Heftigkeit meiner eigenen Neigung hat mich verführt; was mit so heiteren und glücklichen Anfängen begann, das sind jetzt Tränen, Seufzer, ein trostloser Tod, und ich sehe nichts, was da helfen könnte.

Ich kann's nicht leugnen, meine Liebe zu Dir hat mir überaus selige Überraschungen bereitet; aber ich zahle jetzt dafür mit den wunderlichsten Schmerzen. Du bist übertrieben in allen Gemütsbewegungen, die Du mir verursachst. Hätte ich die Standhaftigkeit besessen wider Dein Gefühl, hätte ich gewusst, Dir, um Dich heftiger zu entflammen, einen Grund zur Sorge oder Eifersucht zu geben, wäre es Dir möglich gewesen, in meinem Benehmen eine künstliche Zurückhaltung zu bemerken, oder hätte ich schließlich Willen genug gehabt, gegen meine natürliche Neigung zu Dir, die Du mich früh erkennen ließest, meine ganze Vernunft aufzustellen (freilich, diese Anstrengungen wären doch umsonst gewesen), so möchte es am Platze sein, mich strenge zu bestrafen und mich die Macht fühlen zu lassen, die Du über mich hast. Aber Du schienst mir Liebe zu verdienen, schon bevor Du mir gesagt hattest, dass Du mich liebst. Dann gabst Du mir Beweise einer großen Leidenschaft, ich war außer mir, und ich stürzte mich rückhaltlos in meine Liebe.

Du warst nicht mit Blindheit geschlagen wie ich, wie konntest Du zugeben, dass ich in den Zustand gerate, in dem ich jetzt bin? Was hattest Du vor mit allem meinem Gefühl, das Dir doch, strenggenommen, lästig sein musste? Du wusstest wohl, dass Du nicht immer in Portugal sein würdest, was hast Du gerade mich dort ausfindig gemacht, um mich in dieses Elend zu stürzen? Ohne Zweifel würdest Du hier im Land irgendein Frauenzimmer von größerer Schönheit gefunden haben, mit dem Du ebensoviel Vergnügen Dir hättest schaffen können, da es Dir nur um das Gröbste zu tun ist; sie würde Dich treu geliebt haben, solange Du in Sicht gewesen wärst; später hätte die Zeit sie über Deine Abwesenheit getröstet, und Du hättest sie verlassen dürfen, ohne deshalb falsch und grausam zu sein: aber was Du hier getan hast, das sieht mehr nach einem Tyrannen aus, der unerbittlich hinter einem her ist, als nach einem Liebhaber, der sich Müh' gibt, zu gefallen.

Ach, wozu diese Härte wider ein Herz, das Dir gehört? Ich sehe wohl, es ist ebenso leicht, mich Dir auszureden, als es leicht war für mich, von Dir eingenommen zu sein.

Abgesehen von aller meiner Liebe und ohne auf die Idee zu kommen, etwas Außerordentliches zu tun, wäre ich imstand gewesen, noch ganz anderen Gründen zu widerstehen, als die gewesen sein mögen, auf die hin Du mich verlassen hast. Alle hätten mir unzureichend geschienen, es gibt einfach keine, die mich hätten von Dir fortreißen können: Du aber benutztest ein paar Vorwände, die sich eben fanden, um nach Frankreich zurückzukehren. Es ging ein Schiff. Was hast Du's nicht gehen lassen? Deine Familie hatte Dir geschrieben. ... Weißt Du nicht, was ich alles von der meinen auszustehen hatte? Deine Ehre verpflichtete Dich, mich zu verlassen. Hab ich etwa auf die meine Rücksicht genommen? Du warst genötigt, Dich Deinem König zur Verfügung zu stellen. Wenn alles wahr ist, was man erzählt, so hat er Deiner Dienste gar nicht bedurft, er würde Dich entschuldigt haben.

Es wäre zu viel Glück gewesen, das Leben zusammen zu verbringen; aber da nun einmal diese grausame Trennung uns bestimmt war, so hätte ich Grund, mich zu freuen, dass ich nicht die Treulose gewesen bin; um keinen Preis der Welt würde ich eine so schwarze Tat begangen haben wollen. Hast Du wirklich meine Zärtlichkeit gekannt und den Grund meines Herzens, und hast Dich entschließen können, mich für immer im Stich zu lassen, preisgegeben der unvermeidlichen Pein, dass Du an mich nicht mehr denkst, es sei denn, um mich irgendeiner neuen Leidenschaft aufzuopfern. Ja, ja, ich liebe Dich wie eine Wahnsinnige: Es fällt mir aber dennoch nicht ein, mich über mein zügelloses Herz zu beklagen. Ich gewöhne mich daran, von ihm gehetzt zu sein, ich könnte nicht leben ohne ein Glück, auf das ich mitten in meinen tausend Martern stoße und das trotz allem darin besteht, dass ich Dich liebe.

Aber ich bin aufs Peinlichste verfolgt von meinem Hass und meinem Widerwillen gegen alles Übrige. Meine Familie, meine Freunde, dieses Kloster sind mir unerträglich. Alles, was ich durchaus sehen muss, jede Handlung, die sich mir unumgänglich aufdrängt, erfüllt mich mit Abscheu. Ich habe eine solche Eifersucht für meine Leidenschaft, dass ich mir einbilde, nichts tun zu können und zu nichts verpflichtet zu sein, was nicht mit Dir zusammenhängt. Ja, es geht mir nach, wenn ich nicht alle Augenblicke meines Lebens für Dich verwende.

Ach, ach, was sollte ich tun, ohne dieses Übermaß von Hass und Liebe in meinem Herzen? Würde ich fähig sein, das zu überstehen, was mich unaufhörlich beschäftigt, um ein gelassenes langmütiges Leben zu führen? Nein, diese Leere, diese Fühllosigkeit sind nichts für mich.

Alle Welt hat die Veränderung bemerkt, die in meiner Stimmung, in meinem Benehmen, in meinem ganzen Wesen vor sich gegangen ist. Unsere Mutter hat mir zuerst mit Bitterkeit davon gesprochen, schließlich nicht ohne Güte. Ich kann nicht sagen, was ich ihr geantwortet habe, ich glaube, ich habe ihr alles gestanden. Die strengsten von den Nonnen haben Mitleid mit meinem Zustand, er ringt ihnen sogar eine gewisse Rücksicht ab, sie schonen mich, wo sie können. Es gibt keinen, den meine Liebe nicht irgendwie rührte, nur Du allein bleibst bodenlos gleichgültig, schreibst mir Briefe von einer Kälte, voller Wiederholungen, zur Hälfte leeres Papier, und man sieht ihnen geradezu an, wie Du, tödlich gelangweilt, keinen andern Wunsch hattest, als damit fertig zu werden. Diese letzten Tage hatte Dona Brites es sich in den Kopf gesetzt, mich aus meinem Zimmer herauszubringen. In der Meinung, mich zu zerstreuen, wollte sie mit mir auf dem Balkon auf und ab gehen, von wo man nach Mertola sieht. Ich ging mit, und sofort überkam mich eine Erinnerung von solcher Grausamkeit, dass ich den Rest des Tages mit Weinen verbrachte. Sie führte mich zurück, ich warf mich auf mein Bett und stellte tausend Betrachtungen an über die geringe Aussicht, die ich hätte, je wieder gesund zu werden. Alles, was man zu meiner Erleichterung unternimmt, verschlimmert meinen Kummer, ja in den Mitteln selbst, die man anwendet, entdecke ich neue besondere Ursachen, mich zu betrüben. Gerade dort habe ich Dich oft vorbeikommen sehen, ganz bezaubert von Deiner Haltung, und ich stand auf diesem Balkon an dem verhängnisvollen Tag, da ich anfing, die ersten Wirkungen meiner unseligen Liebe zu erfahren. Ich hatte das Gefühl, als legtest Du Wert darauf, mir zu gefallen, obwohl Du mich nicht kanntest: Ich überredete mich, dass Du mich bemerkt hättest, unter allen, die mit mir waren. Als Du anhieltest, bildete ich mir ein, es wäre Dir recht, wenn ich Dich besser sähe und die Gewandtheit bewunderte, mit der Du Deinem Pferde die Sporen gabst. Ich bekam einen Schrecken, als Du es über eine schwierige Stelle hinüberrissest: Mit einem Wort, ich nahm, im Geheimen, schon teil an allen Deinen Handlungen, ich fühlte, dass Du mir nicht gleichgültig warst, und beanspruchte für mich alles, was Du unternahmst. Du kennst nur allzu gut die Fortsetzung dieser Anfänge. Und obwohl ich keine Rücksicht zu nehmen habe, ist es doch besser, wenn ich sie Dir nicht schreibe: Deine Schuld wird sonst, wenn das möglich ist, noch größer als sie ist, und ich müsste mir vorwerfen, soviel Dinge unnütz aufgewendet zu haben, um Dich zu nötigen, mir treu zu bleiben. Du wirst es nicht sein. Wie sollte ich von Briefen und Vorwürfen erhoffen, was meine Liebe und meine Hingabe bei Deinem Undank nicht durchzusetzen vermocht hat.

Ich bin meines Unglücks zu sehr versichert. Dein ungerechtes Vorgehen lässt mir nicht den geringsten Grund, daran zu zweifeln, und ich muss auf alles gefasst sein, da Du mich verlassen hast.

Wirkt vielleicht Dein Zauber nur auf mich allein, und sollten nicht auch andere Augen Dich angenehm finden? Es wäre mir nicht unlieb, denke ich, wenn die Gefühle der andern den meinen gewissermaßen zur Rechtfertigung dienen dürften, und ich möchte, dass alle Frauen in Frankreich Dich bezaubernd fänden, dass keine Dich liebte und keine Dir gefiele. Das ist lächerlich, unmöglich. Immerhin, ich habe zur Genüge erfahren, dass

Du einer großen Neigung nicht fähig bist; dass Du mich vergessen kannst, ohne den mindesten Beistand, ohne dass eine neue Leidenschaft dies von Dir verlangt. Am Ende würde ich wünschen, Du hättest irgendeinen vernünftigen Vorwand ... ich würde freilich dadurch noch unglücklicher, aber Du hättest nicht so viel Schuld.

Ich sehe, wie Du in Frankreich leben wirst, ohne großes Vergnügen bei unbeschränktester Freiheit. Die Müdigkeit nach der langen Reise hält Dich fest, ein wenig Behaglichkeit und die Besorgnis, meinen Überschwang nicht erwidern zu können. Hab doch nur keine Furcht vor mir ... Ich will mich zufriedengeben, wenn ich Dich von Zeit zu Zeit sehe und nur weiß, dass wir am selben Orte sind. Aber vielleicht täusch ich mich, und eine andere richtet mit Härte und Kälte mehr bei Dir aus als ich mit allen meinen Zugeständnissen. Wäre es denkbar, dass schlechte Behandlung einen Reiz für Dich hat?

Bevor Du Dich aber einlässt in eine große Leidenschaft, bedenke, was das heißt. Halte Dir vor Augen, wie grenzenlos ich leide, die Ratlosigkeit meiner Lage, meine wechselnden Stimmungen, die Ungereimtheit in meinen Briefen, meine Vertraulichkeiten, meine Verzweiflung, meine Ansprüche, meine Eifersucht ... O, Du wirst Dich unglücklich machen. Ich kann Dich nicht genug bitten, lerne aus dem Zustand, in dem ich bin, dass wenigstens alles, was ich für Dich ausstehe, Dir irgendwie Nutzen bringt. Du hast mir, es ist fünf oder sechs Monate her, ein heimliches Geständnis gemacht. Mit großer Aufrichtigkeit vertrautest Du mir an, dass Du in Deiner Heimat eine Dame geliebt hättest. Wenn sie es ist, die Dich dort zurückhält, lass es mich ohne Schonung wissen, damit ich aufhöre, mich zu verzehren.

Ein kleiner Rest Hoffnung hält mich noch aufrecht, wenn er aber zu nichts führt, so ist es mir lieber, ihn auf der Stelle aufzugeben und mich mit ihm. Schick mir ihr Bild und einige ihrer Briefe. Schreibe mir alles, was sie Dir sagt. Ich finde mir vielleicht einen Grund heraus, mich zu trösten, oder etwas, was mich noch trostloser macht.

Es ist mir unmöglich, länger in diesem Zustand auszuharren, jede Veränderung wäre eine Wohltat für mich. Ich wünsche mir auch das Bild Deines Bruders und Deiner Schwägerin. Alles, was Dir etwas bedeutet, ist mir unendlich teuer, ich gehöre ganz und gar den Umständen, die mit Dir zusammenhängen, und habe mir keine Spur Verfügung über mich selbst vorbehalten ... Manchmal habe ich das Gefühl, meine Unterwerfung wäre groß genug, derjenigen zu dienen, die Du liebst. Ich bin so niedergeschlagen durch Deine schlechte Behandlung und Geringschätzung, dass ich zuweilen auch nicht in Gedanken wage, mir vorzustellen, ich dürfte eifersüchtig sein, ohne mir Deine Missbilligung zuzuziehen, ja, ich fühle mich ordentlich schuldig, dass ich Dir Vorwürfe mache. Oft bin ich überzeugt, es ginge nicht an, Dir immer wieder, wie rasend, ein Gefühl vorzustellen, das Du nicht gelten lässt.

Es ist ein Offizier da, der schon lange auf den Brief wartet: Ich hatte die Absicht, ihn so zu schreiben, dass Du ihn ohne Widerwillen empfingest. Er ist recht verschroben ausgefallen. Ich schließe. Ach, wenn ich nur könnte. Ich meine, zu Dir zu sprechen, wenn ich schreibe, Du scheinst mir um ein Haar gegenwärtiger. Der erste Brief nach diesem wird weder so lang sein noch so unerfreulich. Du darfst ihn ruhig aufmachen und lesen, ich verspreche es Dir. Natürlich, warum auch immer von einer Liebe reden, die nicht Deinen Beifall hat. Ich werde es nicht mehr tun.

In ein paar Tagen wird es ein Jahr sein, dass ich mich Dir ganz hingegeben habe, ohne jede Rücksicht. Deine Gefühle machten mir den Eindruck, sehr stark zu sein und sehr aufrichtig. Nie hätte ich mir vorgestellt, dass meine Nachgiebigkeit Dich so abstoßen könnte, dass Du genötigt sein würdest, fünfhundert Meilen zurückzulegen und Dich dem Schiffbruch auszusetzen, nur um von mir fortzukommen: Von niemandem habe ich eine solche Behandlung verdient. Erinnerst Du Dich denn, wie bange und schüchtern und bestürzt ich war; aber Du wirst Dich hüten, Dich an etwas zu erinnern, was Dich verpflichtete, mich zu lieben, ob Du willst oder nicht.

Der Offizier, der Dir diesen Brief bringen soll, lässt mir zum vierten Mal sagen, dass er fort muss. Was für Eile er hat! Er lässt sicher hier ein unglückliches Mädchen im Stich. Adieu, es kostet mich mehr, diesen Brief zu beenden, als es Dich gekostet hat, mich zu verlassen, vielleicht für immer. Adieu, ich wage nicht, Dir tausend zärtliche Namen zu geben und mich, unbeherrscht, meinem Antrieb zu überlassen. Ich liebe Dich ja tausendmal mehr, als ich denken kann. Was bist Du mir teuer und was bist Du hart gegen mich! Du schreibst mir nicht, siehst Du, das musste ich Dir noch sagen. Ich fange wieder an, und der Offizier geht indessen. Was liegt daran, mag er gehen, ich schreibe mehr für mich selbst als für Dich. Ich brauche eine Erleichterung. Du wirst Angst bekommen, wenn Du siehst, wie lang dieser Brief ist, Du wirst ihn nicht lesen. Was hab ich nur getan, um so unglücklich zu sein. Warum hast Du mir mein Leben vergiftet? War ich doch ganz woanders zur Welt gekommen. Adieu, verzeih mir, ich kann Dich ja nicht mehr bitten, mich zu lieben. Schau, was aus mir geworden ist ... Adieu.

Dritter Brief

Was soll aus mir werden, was willst Du, das ich tun soll? Wie bin ich weit von allem, worauf ich seinerzeit vorbereitet war. Ich hatte mir vorgestellt, Du würdest mir von allen Orten schreiben, durch die Du kämst, und dass Deine Briefe recht lang sein würden; Du würdest meine Leidenschaft unterstützen durch die Hoffnung, Dich wiederzusehen; ein vollkommenes Vertrauen in Deine Treue würde mir eine Art von Gelassenheit verschaffen, sodass mein Zustand mindestens erträglich sich gestalte ohne übertriebene Schmerzen: Ich ging sogar so weit, flüchtig zu erwägen, wie ich meine Kräfte verwenden könnte, um meine Leiden loszuwerden, falls mir eines Tages die Gewissheit entstünde, dass Du mich ganz vergessen hast. Diene Abwesenheit, einzelne Augenblicke frommen Ergriffenseins, die Furcht, was mir von meiner Gesundheit bleibt, in Nachtwachen und Sorgen zugrunde zu richten, die geringe Aussicht auf Deine Rückkehr, die Kälte Deines Benehmens und Deines Abschieds, Dein Fortgehen, für das so ungenügende Vorwände herhalten mussten, – dies alles und tausend andere nur zugute und überflüssige Gründe schienen mir dazu einen gewissen Beistand zu versprechen, falls ich dessen bedürfte. Am Ende hatte ich nur gegen mich selbst zu kämpfen, aber ich hatte keinen Begriff, wie schwach ich sei, und ahnte nicht alles das, was ich jetzt leide. Ach, ich bin namenlos beklagenswert, weil ich meine Leiden nicht mit Dir teilen kann und ganz allein sein muss in meinem Unglück. Dieser Gedanke tötet mich. Ich sterbe vor Entsetzen, wenn ich mir sage, dass Dein Gefühl in allen unseren Freuden nie sehr bei der Sache war. Ja, ich kenne jetzt die Verlogenheit Deines ganzen Vorgehens: Du hast mich betrogen, sooft Du mir versichertest, es mache Dich selig, mit mir allein zu sein. Einzig meinem eigenen Ungestüm, mit dem ich mich Dir aufdrängte, verdank ich Dein Interesse und Deine Leidenschaftlichkeit. Kaltblütig hast Du den Plan gefasst, mich zu entflammen. Du hast mein Gefühl nur wie einen errungenen Sieg angesehen, Dein Herz ist nie wirklich an alledem beteiligt gewesen ... Macht es Dich denn nicht unglücklich und musst Du nicht sehr wenig Zartgefühl besitzen, um aus meiner Hingabe keinen andern Gewinn zu ziehen? Und wie ist es möglich, dass ich, bei so viel Liebe, nicht imstande war, Dich ganz glücklich zu machen? Ich weine (Deinetwegen, einzig Deinetwegen) um die grenzenlosen Freuden, die Dir verloren gegangen sind: Es muss schon so sein, dass Du sie nicht hast genießen wollen. Kenntest Du sie, Du würdest ohne Zweifel zugeben, dass sie empfindlicher sind als die Freude, mich verführt zu haben, und Du hättest Gelegenheit gehabt, zu erfahren, dass man bedeutend glücklicher ist und etwas Rührenderes fühlt, wenn man selbst heftig liebt, als wenn man sich lieben lässt.

Ich weiß nicht mehr, was ich bin, noch was ich will: Ich bin zerrissen von tausend sich widersprechenden Qualen. Kann man sich einen solchen Jammer denken? Ich liebe Dich namenlos, und ich habe zu viel Rücksicht für Dich, als dass ich Dir ernstlich zu wünschen wagte, Du möchtest von demselben Wahnsinn geschüttelt sein ... Ich würde mich töten, oder ich hätte es nicht mal nötig, mich zu töten, ich stürbe vor Schmerz, wenn ich gewiss wüsste, dass Du nie zu Ruhe kommst, dass Dein Leben lauter Aufregung und Wirrnis ist, dass Du nicht aufhörst, zu weinen und alles Dir widerwärtig sei. Ich bestreite kaum meine eigenen Leiden; wie sollte ich's leisten, auch noch den Kummer zu tragen, den die Deinigen mir verursachen würden, die mir tausendmal empfindlicher wären?

Und doch kann ich mich auch nicht entschließen, zu wünschen, dass Du nicht mehr an mich denken solltest; offengestanden, ich bin rasend eifersüchtig auf alles, was Dir Freude macht, was Dir, dort in Frankreich, nach Deinem Sinn und nach Deinem Herzen ist.

Ich weiß nicht, warum ich Dir schreibe. Du wirst höchstens Mitleid haben mit mir, das seh' ich wohl, und ich will Dein Mitleid nicht

... Es bringt mich auf gegen mich selbst, wenn ich überlege, was ich Dir alles geopfert habe: Ich habe meinen guten Ruf verloren, ich habe mich dem Wüten meiner Familie ausgesetzt, der Strenge der hiesigen Gesetze gegen die Nonnen und am Ende Deinem Undank, der mir von allem meinem Unglück das größte scheint.

Trotzdem fühle ich deutlich, dass meine Gewissensbisse nicht ganz echt sind, dass ich aus Liebe zu dir von ganzem Herzen mit noch größeren Gefahren es hätte aufnehmen mögen, und es bereitet mir eine unselige Freude, dass ich mein Leben und meine Ehre aufs Spiel gesetzt habe. Musste ich Dir nicht alles Kostbarste, was ich besaß, zur Verfügung stellen? Und sollte ich nicht im Grunde ganz zufrieden sein, es so, wie ich tat, verwendet zu haben? Mir kommt immer vor, als wäre ich nicht so recht zufrieden, weder mit meinen Leiden noch mit dem Übermaß meiner Liebe, obwohl ich doch, leider Gottes, keinen Anlass habe, mit Dir zufrieden zu sein. Ich lebe, ich Treulose, und ich tue genau soviel, mein Leben zu erhalten, wie es zu zerstören. Ich sterbe vor Beschämung. So ist also meine Verzweiflung nur in meinen Briefen. Wenn ich Dich so liebte, wie ich es Dir tausend Mal versichert habe: Müsste ich nicht längst tot sein? Ich habe Dich betrogen. Es ist an Dir, Dich zu beklagen. Ach, warum beklagst Du Dich nicht? Ich habe Dich fortgehen sehen, mir bleibt keine Hoffnung, dass Du je wiederkommst, und ich atme noch. Ich habe Dich betrogen, ich bitte Dich um Verzeihung. Du aber gib nicht nach. Behandle mich mit Härte, finde, dass meine Gefühle nicht Gewalt genug haben. Sei immer schwerer zufriedenzustellen. Lass mir sagen, Du willst, dass ich sterbe vor Liebe zu Dir. Ich flehe Dich an, mir auf diese Weise beizustehen, dass ich die Schwäche meines Geschlechts überwinde und alle meine Unentschlossenheiten in einer wahrhaftigen Verzweiflung zu Ende bringe.

Ein tragisches Ende würde Dich zweifellos nötigen, oft an mich zu denken, mein Andenken würde Dir teuer sein, das Außerordentliche eines solchen Todes würde Dir möglicherweise nahe gehen. Und wäre er nicht in Wirklichkeit besser als der Zustand, auf den Du mich heruntergebracht hast? Adieu, ich wollte, ich hätte Dich nie gesehen. Ah, das ist wieder ein verlogenes Gefühl, ich weiß ganz genau, während ich dies hier schreibe, dass ich es vorziehe, in der Liebe zu Dir elend zu sein, als Dich nie gesehen zu haben. Ich murre also nicht und bin mit meinem bösen Los einverstanden, da Du es nicht besser hast gestalten wollen. Adieu, versprich mir, mich zärtlich zu betrauern, wenn ich Kummers sterbe, und dass wenigstens die Inständigkeit meiner Liebe Dir Lust und Neigung zu allen anderen

Dingen benehme. Das soll mir Trost genug sein; wenn ich Dich schon aufgeben muss für immer, so will ich Dich doch zum Mindesten keiner andern lassen. Am Ende wärst Du grausam genug, Dich meiner Verzweiflung zu bedienen, um vor anderen noch liebenswürdiger zu erscheinen und um zu zeigen, dass Du die größte Liebe von der Welt hast einflößen können? Adieu, noch einmal. Diese Briefe sind zu lang, die ich Dir schreibe, ich nehme nicht genügend Rücksicht auf Dich, verzeih mir, ich hoffe, Du wirst etwas Nachsicht aufbringen für ein armes unzurechnungsfähiges Geschöpf, das, wie Du weißt, nicht so war, bevor es Dich liebte. Adieu, ich glaube, ich rede zu oft von dem unerträglichen Zustand, in dem ich jetzt bin: Aber ich danke Dir im Grunde meines Herzens für die Verzweiflung, die Du über mich bringst, und ich habe nichts als Abscheu für die Ruhe, in der ich gelebt habe, ehe ich Dich kannte. Adieu, es vergeht kein Augenblick, ohne dass meine Liebe zunimmt. Wie viel Dinge hab ich Dir noch zu sagen ...

Vierter Brief

Ich finde, ich tue den Gefühlen meines Herzens das größte Unrecht an, indem ich sie Dir schreibe und bekannt mache. Welches Glück wär's für mich, wenn Du sie erraten könntest aus der Stärke der Dienen. Aber ich darf mich auf Dich nicht verlassen, und ich kann's nicht unterdrücken, Dir zu sagen (wenn ich's gleich nicht mit der Heftigkeit aussprechen mag, mit der ich's fühle), dass Du mich nicht, wie Du's tust, misshandeln solltest durch Dein Vergessen, das mich zur Verzweiflung bringt und eine Schande ist für Dich selbst. Ich habe zum Mindesten das Recht zu erwarten, dass Du mich klagen lässt über das Unglück, das ich ja voraussah, als ich Dich entschlossen fand, mich zu verlassen. Ich habe mich geirrt, das sehe ich wohl, als ich annahm, dass Du redlicher gegen mich vorgehen würdest, als es im Allgemeinen geschieht; das Übermaß meiner Liebe machte mich, wie es scheint, unfähig für alle Art von Verdacht und verdiente am Ende auch eine mehr als gewöhnliche Treue. Aber Deine Anlage, mich zu verraten, ist so groß, dass sie schließlich das Übergewicht bekommt über die rechte Einschätzung alles dessen, was ich für Dich getan habe. Ich wäre hinreichend unglücklich, wenn Du nur deshalb Liebe für mich aufbrächtest, weil ich Dich liebe; ich möchte alles Deiner Zuneigung zu danken haben. Aber sogar von diesem Zustand bin ich so weit entfernt, dass ich seit sechs Monaten ohne einen einzigen Brief bleibe. Ich habe dieses ganze Unglück der Blindheit zuzuschreiben, mit der ich mich in meinem Gefühl zu Dir gehen ließ. Hätte ich nicht voraussehen müssen, dass das, was ich genoss, eher aufhören wird als meine Liebe? Konnte ich mir einbilden, dass Du Dein ganzes Leben in Portugal bleiben, auf Dein Land, auf Deine Laufbahn verzichten würdest, einzig im Gedanken an mich? Es gibt keine Erleichterung für das, was ich leide, und die Erinnerung an mein Glück macht meine Verzweiflung erst vollkommen. Ist wirklich alle meine Sehnsucht umsonst? Werd ich Dich nie mehr, hier in meinem Zimmer sehen, glühend, hingerissen, wie Du warst? Ach, ach, da red ich mich hinein, und ich weiß doch so genau, dass Deine ganze Bewegtheit, die mir Kopf und Herz einnahm, nur von ein bisschen Lust aufgeregt war und mit ihr zugleich aufhörte. In diesen Momenten von zu großer Seligkeit hätt' ich imstand sein müssen, meine Vernunft anzurufen, dass sie das triste Übermaß meiner Wonnen einschränke und mir schon etwas von dem vorstelle, was ich jetzt leide. Aber ich warf mich Dir hin, ganz und gar, außerstande, an etwas zu denken, was meine Freude vergiften und mich hindern könnte, die glühenden Beweise Deiner Leidenschaft grenzenlos zu genießen. Es beschäftigte mich auf zu glückliche Art, mit Dir beisammen zu sein, ich vermochte nicht zu denken, dass Du eines Tages fort sein wirst und nicht bei mir. Trotzdem, ich weiß, hab ich Dir manchmal gesagt, Du würdest mich ins Unglück stürzen. Aber diese Angst ging rasch vorbei, ich genoss es auch noch, sie Dir aufzuopfern und mich Deinem Zauber und Deinen falschen Versicherungen auszuliefern. Ich sehe wohl ein Mittel für alle meine Leiden, ich wäre sie los im Augenblick, da ich Dich nicht mehr liebte. Aber was für ein Mittel! Nein, ich ziehe es vor, noch mehr auszustehen, als Dich zu vergessen. Ach, hängt's denn von mir ab? Ich kann mir keinen Vorwurf machen, auch nur einen Moment gewünscht zu haben, Dich nicht mehr zu lieben. Du bist beklagenswerter als ich; denn es ist besser, durchzumachen, was ich durchmache, als in den hinfälligen Vergnügungen zu stecken, die Dir Deine Maitressen in Frankreich bereiten. Ich beneide Dich nicht um Deine Gleichgültigkeit, Du tust mir leid. Ich möchte doch sehn, ob Du mich ganz vergessen kannst. Es ist mein Stolz, es durchgesetzt zu haben, dass Du ohne mich nur unvollkommene Genüsse haben kannst. Und ich bin glücklicher als Du, denn ich bin weit mehr beschäftigt. Man hat mich seitdem zur Pförtnerin in diesem Kloster gemacht: Alle, die zu mir sprechen, halten mich für wahnsinnig; ich weiß nicht, was ich ihnen antworte: die Nonnen müssen ebenso von Sinnen sein wie ich selbst, dass sie meinen konnten, ich wäre imstande, auf irgendwas aufzupassen. Ich bin voller Neid gegen Manoel und Francisco, die Glücklichen: Warum bin ich nicht beständig bei Dir, wie sie? Ich wäre Dir gefolgt, und, weiß Gott, es wäre meinem Herzen ein leichtes gewesen, Dir besser zu dienen.

Ich habe keinen Wunsch auf dieser Welt, als Dich zu sehn. Vergiss mich wenigstens nicht. Ich will mich begnügen mit Deiner Erinnerung, aber ich habe keine Gewissheit dafür. Damals, als ich Dich jeden Tag sah, da hoffte ich ganz andere Dinge als Dein bisschen Erinnerung, aber Du hast mich dazu abgerichtet, mich Deinem Willen zu unterwerfen. Und doch, doch, ich bereue nicht, dass ich Dich angebetet habe. Es macht mich froh, dass Du gekommen bist mit Deiner Verführung. Alle Härte Deines Weggehens, vielleicht für immer, kann der Hingerissenheit meiner Liebe nicht Abbruch tun: ich will, dass die ganze Welt es weiß, ich mache kein Geheimnis daraus, ich bin entzückt, alles das, was ich tat, getan zu haben, für Dich und gegen alles, was Sitte und Anstand heißt. Meine Ehre, meine Religion bestehen nur noch darin, Dich aufs Äußerste zu lieben, da ich einmal mit dieser Liebe angefangen habe.

Das alles sag ich Dir nicht, damit Du Dich verpflichtet fühlst, mir zu schreiben. Tu Dir nur keinen Zwang an. Ich will nur das, was von selbst aus Dir kommt, und ich lehne alle Liebesbezeugungen ab, die Du in Dir zu unterdrücken vermöchtest. Wenn es Dir Vergnügen macht, Dich nicht anzustrengen, um mir zu schreiben, so werde ich mein Vergnügen darin finden, Dich zu entschuldigen. Meine Neigung, Dir alles zu verzeihen, ist ohne Grenzen.

Ein französischer Offizier hat mir, aus Barmherzigkeit, heute drei Stunden von Dir gesprochen, er hat mir gesagt, dass Frankreich den Frieden geschlossen hat. Ist das der Fall, kannst Du dann nicht kommen und mich mit nach Frankreich nehmen? Aber ich verdiene es nicht, tu, was Dir gut scheint, meine Liebe hängt nicht mehr davon ab, wie Du mich behandelst.

Seit Du fort bist, hab ich nicht einen gesunden Augenblick, nichts bereitet mir Wohltun, als tausendmal im Tag Deinen Namen herzusagen. Einige von den Nonnen kennen den beklagenswerten Zustand, in den Du mich gestürzt hast, und kommen öfters und sprechen mir von Dir. Ich verlasse so wenig wie möglich mein Zimmer, in dem Du so viele Male eingetreten bist, ich bin immerfort vor Deinem Bild, das mir tausendmal teurer ist als mein Leben. Es verschafft mir ein wenig Glück, aber es macht mir auch reichlich Kummer, wenn ich denke, dass ich Dich vielleicht niemals wiedersehen werde. Warum, um alles in der

Welt, darf es denn möglich sein, dass ich Dich vielleicht nie wiedersehe? Hast Du mich für immer verlassen? Ich bin in Verzweiflung. ... Deine arme Marianna kann nicht mehr, sie schließt diesen Brief, sie fühlt eine Ohnmacht kommen. Adieu, adieu. Erbarm Dich meiner.

Fünfter Brief

Ich schreibe Dir zum letzten Mal ... und ich hoffe, Du wirst aus dem Unterschied meiner Ausdrucksweise und aus der ganzen Art dieses Briefes verstehen, dass Du es endlich erreicht hast, mich zu überzeugen, dass Du mich nicht mehr liebst, sodass auch ich Dich nicht mehr lieben darf.

Ich schicke Dir also mit der nächsten Gelegenheit alles, was ich noch von Dir habe. Fürchte nicht, dass ich Dir schreibe; ich werde nicht einmal Deinen Namen auf das Paket schreiben. Ich habe Dona Brites gebeten, alles das zu besorgen; sie ist es gewohnt, meine Vertraute zu sein, freilich in Dingen, die von diesen hier sehr verschieden waren: Ich darf mich auf sie besser verlassen als auf mich selbst. Sie wird alles Nötige tun, damit ich mit Sicherheit annehmen kann, dass das Porträt und die Armbänder, die Du mir gegeben hast, wirklich in Deine Hände kommen.

Wissen sollst Du aber, dass ich mich seit einigen Tagen fähig fühle, diese Beweise Deiner Liebe, die mir so teuer waren, zu verbrennen und zu zerreißen; nur hab ich Dir leider so viel Schwäche gezeigt, dass Du nie würdest glauben wollen, ich sei zu diesem Äußersten imstande gewesen ... Aus dem Schmerz, den es mich gekostet hat, mich davon zu trennen, will ich mir schon eine Art Genuss herausschlagen, und Dir kann ich wenigstens etwas Ärger damit bereiten.

Ich gestehe, zu Deiner und meiner Schande, dass ich an diesen Kleinigkeiten mehr hing, als ich Dir sagen will; ich musste von Neuem alle meine Einsichten durchgehen, um mich von jeder, im Einzelnen, loszumachen; und das zu einer Zeit, da ich mir Glück wünschte, von Dir schon völlig frei zu sein. Aber was erreicht man nicht, wenn einem Gründe haufenweise zur Verfügung stehen. Ich habe Dona Brites alles übergeben. Mein Gott, alle die Tränen, die es mich gekostet hat, mich dazu zu bestimmen! Du hast keine Ahnung von den tausend Unentschlossenheiten, die in einem aufgeregt werden können, und ich werde sie Dir sicher nicht herzählen ... Sie sollte, bat ich sie, mir nie davon sprechen, und mir diese Dinge nicht mehr vor Augen bringen, selbst wenn ich verlangte, sie noch einmal zu sehen; ich darf nicht wissen, wann man sie absendet.

Ich kenne das ganze Übermaß meiner Liebe erst, seit ich alle diese Anstrengungen machen musste, mich von ihr zu heilen; und ich glaube, ich hätte nie den Mut gehabt, sie zu unternehmen, wenn sich hätte voraussehen lassen, wie schwer und schrecklich das sein würde. Es wäre auf alle Fälle eine mildere Qual für mich gewesen, Dich weiterzulieben, trotz

Deines Undanks, als Dich für immer aufzugeben. Ich entdeckte, dass ich nicht so sehr an Dir hänge als an meiner eigenen Leidenschaft; Du warst mir durch Dein kränkendes Benehmen schon verhasst geworden, aber es war wunderlich, wie es mich leiden machte, gegen sie anzukämpfen.

Der gewöhnliche Stolz der Frau hat mir nichts geholfen bei dem, was ich wider Dich zu beschließen hatte. Ach, Deine Verachtung war mir schon geläufig. Ich hätte auch noch Deinen Hass ausgehalten und alle Eifersucht, die möglicherweise Deine Neigung für eine andere in mir hervorgerufen hätte. Es wäre doch etwas dagewesen, womit sich hätte ringen lassen. Was mir aber völlig unerträglich ist, das ist Deine Gleichgültigkeit. Aus den unverschämten Freundschaftsversicherungen und den nichtssagenden Phrasen in Deinem letzten Brief konnte ich merken, dass Du alle meine Briefe empfangen hast; Du hast sie, weiß Gott, lesen können, ohne dass in Deinem Herzen das geringste sich rührte. Du Undankbarer, – und ich bin dumm genug, mich noch zu kränken, dass mir nun nicht einmal die Möglichkeit bleibt, mir einzubilden, sie wären gar nicht bis zu Dir gelangt und nie in Deine Hände gekommen.

Du, mit Deiner Offenheit, – ich verabscheue sie. Hab ich Dich etwa gebeten, mir aufrichtig die Wahrheit zu sagen? Durfte ich nicht meine

Gefühle behalten? Es hätte genügt, dass Du mir nicht schriebst. Ich hatte gar keinen Wunsch, aufgeklärt zu sein. Soll es mich nicht unglücklich machen, dass Du es für überflüssig hältst, mich zu täuschen, und dass ich nun außerstande bin, Dich noch zu entschuldigen? Ich begreife jetzt, musst Du wissen, dass Du meiner Gefühle nicht wert bist, ich kenne alle Deine schlechten und niedrigen Seiten.

Aber ich beschwöre Dich (wenn alles, was ich für Dich getan habe, verdient, dass Du auf eine flehentliche Bitte meinerseits ein wenig Rücksicht nimmst), ich beschwöre Dich: Schreib mir nicht mehr und hilf mir, dass ich Dich von Grund aus vergesse. Solltest Du mich wissen lassen, dass dieser Brief Dir ein Unbehagen bereitet hat, ich wäre imstande, es Dir zu glauben. Andererseits kann ich mir vorstellen, dass ich in Zorn und Aufregung geraten würde, wenn ich erführe, dass Du vollkommen mit ihm einverstanden warst; und beides könnte zur Folge haben, dass ich wieder lichterloh brenne.

Mische Dich also nicht mehr in das, was ich tue; Du würdest in jedem Fall meine Absichten umstürzen, in welcher Weise Du Dich auch hineindrängtest. Ich will nicht wissen, wie dieser Brief auf Dich wirkt: Störe mir nicht den Zustand, an dem ich arbeite. Ich glaube, Du kannst Dich zufriedengeben mit dem Unheil, das Du angerichtet hast.

Was immer Dich getrieben haben mag, mich unglücklich zu machen: lass mir jetzt meine Ungewissheit; ich hoffe, ich bringe es zustande, mit der Zeit eine Art Ruhe daraus zu entwickeln. Ich kann Dir versprechen, Dich nicht zu hassen; ich habe viel zu viel Misstrauen gegen starke Gefühle, als dass ich mich damit einlassen sollte. Übrigens bin ich sicher, dass sich hier ein treuerer Liebhaber finden ließe. Nur, ach, wird einer imstande sein, mir Liebe beizubringen? Wird die Leidenschaft eines andern mich beschäftigen können? Die meine hat doch bei Dir nichts ausgerichtet. Und ich habe die Erfahrung gemacht, dass ein Herz nie mehr über den Anlass hinauskommt, der es zuerst gerührt und ihm die unbekannten Kräfte gezeigt hat, deren es fähig war. Alle seine Antriebe beziehen sich auf den Götzen, den es sich gebildet hat; seine ersten Wunden sind weder zu heilen noch ungeschehen zu machen; die Leidenschaften, die ihm zu Hilfe kommen und die sich Mühe geben, es auszufüllen und zu stillen, versprechen ihm umsonst einen Grad des Empfindens, den es nicht wiederfindet; es sucht die Freuden ohne rechte Lust, ihnen zu begegnen, und sie dienen schließlich nur dazu, ihm zu beweisen, dass ihm nichts teurer sei als seine Schmerzen, die es nicht vergisst.

Was musste ich durch Dich die Halbheit und Bitternis einer Beziehung kennenlernen, die nicht ewig dauert, und das ganze Verhängnis einer heftigen Liebe, wenn sie nicht gegenseitig ist? Welches blinde und boshafte Schicksal heftet sich an uns, um uns genau immer an die zu bringen, die nur für eine andere zu fühlen vermöchten?

Angenommen, ich hätte ein Recht, mir von einer neuen Verbindung etwas Unterhaltung zu erwarten, und ich träfe wirklich einen, dem ich trauen könnte: Ich bin so voller Mitleid mit mir selbst, dass ich mir die ärgsten Vorwürfe machen müsste, den Letzten und Geringsten in die Lage zu bringen, in die Du mich versetzt hast. Selbst wenn es durch irgendeine unerwartete Wendung in meiner Macht stünde, ich hätte nicht das Herz, mich so grausam an Dir zu rächen, ob ich Dir gleich nicht die mindeste Schonung schuldig bin. Ich versuche gegenwärtig, Dich zu entschuldigen, ich begreife, dass eine Nonne im Allgemeinen nicht sehr zur Liebe geeignet ist. Und doch wieder scheint es mir, man sollte, wenn man bei der Wahl der Geliebten mit einiger Überlegung vorgeht, gerade die Nonnen eigentlich den anderen Frauen vorziehen: sie hindert nichts, unaufhörlich an ihre Leidenschaft zu denken; sie sind nicht abgelenkt von den tausend Dingen, die die andern draußen fortwährend zerstreuen und beschäftigen. Es kann doch gar nicht sehr angenehm sein, diejenigen, die man liebt, beständig von tausend Kleinigkeiten in

Anspruch genommen zu sehen, und man muss arg unempfindlich sein, wenn man (ohne in Verzweiflung zu geraten) es erträgt, dass sie von nichts anderem reden als von Gesellschaften, Kleidern und Promenaden. Ohne Ende ist man neuen Eifersüchteleien ausgesetzt, denn es gehört zu ihnen, dass sie für eine Menge Leute Rücksicht und Entgegenkommen haben müssen und Bereitschaft, sich mit ihnen zu unterhalten. Wer darf sicher sein, dass sie bei allen diesen Gelegenheiten kein Vergnügen empfinden; dass das alles ein Martyrium für sie ist, dem sie sich widerwillig und ohne Zustimmung unterwerfen? Und wie mag ihnen selbst ein Liebhaber verdächtig scheinen, der nicht genaue Rechenschaft darüber verlangt, ohne weiters ruhig glaubt, was sie ihm erzählen, und in Frieden und Vertrauen zusieht, wie sie ihren Pflichten nachgehen ...

Aber ich behaupte nicht, Dir mit guten Gründen zu beweisen, dass Du mich lieben musst; dies sind sehr untergeordnete Mittel, ich habe seinerzeit viel bessere angewendet, und sie haben zu nichts geführt. Ich kenne mein Los zu gut, als dass ich versuchen sollte, es zu überschreiten. Ich werde unglücklich sein mein ganzes Leben lang: War ich es denn nicht damals, als ich Dich täglich sah? Ich starb fast vor Angst, dass Du mir nicht treu wärest, ich wollte Dich jeden Augenblick sehen, und das war unmöglich. Ich zitterte für Dich, wenn Du ins Kloster kamst; und warst Du bei der Armee, so lebte ich überhaupt nicht. Ich war außer mir, dass ich nicht schöner war und Deiner nicht würdiger. Ich war unzufrieden mit der Mittelmäßigkeit meiner Abkunft. Oft stellte ich mir vor, die Neigung, die Du, allem Anschein nach, für mich gefasst hattest, würde Dir gelegentlich schaden. Ich fand, ich liebte Dich nicht genug. Ich fürchtete für Dich den Zorn meiner Familie, – mit einem Wort, ich war in einem Zustand, genau so erbärmlich wie der, in dem ich mich jetzt befinde.

Hättest Du mir, seit Du nicht mehr in Portugal bist, ein Zeichen Deiner Liebe gegeben, ich hätte alles getan, von hier hinauszukommen, verkleidet, und hätte Dich aufgesucht. Himmel, was wäre aus mir geworden nach meiner Ankunft in Frankreich, wenn Du Dich nicht um mich gekümmert hättest. Diese heillose Verkommenheit! Welcher Gipfel von Schande für meine Familie, für die ich viel Liebe habe, seit ich Dich nicht mehr liebe.

Ich gebe mir, siehst Du, ganz kaltblütig Rechenschaft darüber, dass ich hätte, unter Umständen, noch bedauernswerter werden können, als ich bin. Das ist vernünftig gesprochen, nicht wahr, wenigstens einmal in meinem Leben. Ob es Dir gefällt, dass ich mich zusammennehme, ob Du zufrieden bist mit mir, will ich nicht wissen; ich habe Dich schon gebeten, mir nicht mehr zu schreiben, ich bitte Dich nochmals dringend darum.

Ist Dir noch nie zum Bewusstsein gekommen, auf welche Weise Du mich behandelt hast? Denkst Du niemals daran, dass Du gegen mich mehr Verpflichtungen hast als gegen sonst jemand auf der Welt? Ich habe Dich geliebt wie eine Wahnsinnige. Wie hab ich nicht alles andere mit Füßen getreten. Dein Benehmen war nicht das eines Mannes von Ehre. Du musst schon gegen mich eine natürliche Abneigung gehabt haben, dass Du nicht aus Liebe zu mir vergangen bist. Und was mich so von Dir einnehmen konnte, das waren recht mittelmäßige Dinge. Was hast Du mir eigentlich zu Gefallen getan? Welches Opfer hast Du mir gebracht? Warst Du nicht hinter tausend andern Vergnügungen her? Das Spiel, die Jagd, hast Du sie vielleicht aufgegeben? Bist Du nicht der Erste gewesen, der zum Heere abging, und bist Du nicht später wiedergekommen als alle andern? Du hast Dich unnötigerweise den tollsten Gefahren ausgesetzt, wie sehr ich Dich auch gebeten hatte, mir zuliebe Dich zurückzuhalten. Dein Ansehen in Portugal war nicht gering, trotzdem hast Du keine Schritte getan, Dich hier niederzulassen. Ein Brief Deines Bruders genügte, Du reistest, ohne nur einen Moment zu zögern. Und habe ich nicht zum Überfluss erfahren müssen, dass Du auf der ganzen Reise bei bester Laune warst?

Wahrlich, ich gestehe, ich sehe keinen Ausweg, als Dich tödlich zu hassen. Aber ich habe selbst alles getan, mir mein Elend zuzuziehen. Ich habe Dich, viel zu offenherzig, von Anfang an an eine große Leidenschaft gewöhnt, man muss mehr Kunst anwenden, wenn man sich geliebt machen will; man muss geschickt die Mittel herausfinden, die zünden, mit Liebe allein macht man noch keine Liebe. Du wolltest, dass ich Dich lieben sollte, das war Dein Plan; und da er einmal gefasst war, gab es nichts, wozu Du nicht bereit gewesen wärst, um ihn durchzuführen. Du hättest Dich am Ende sogar entschlossen, mich zu lieben, wenn das nötig gewesen wäre; aber Du merktest bald, dass Du bei Deinem Unternehmen ohne Liebe zum Ziel kommen würdest, dass Du sie gar nicht brauchtest. Welche Niederträchtigkeit! Glaubst Du, es ist so einfach, mich ungestraft zu betrügen? Wenn es sich je fügt, dass Du dieses Land noch einmal betrittst, Du darfst gewiss sein, dass ich Dich der Rache meiner Familie ausliefere.

Ich hab lange in einer Vergessenheit gelebt, in einer Götzendienerei, die mich erschauern macht, wenn ich daran denke. Meine Gewissensbisse verfolgen mich mit einer unerträglichen Härte. Ich fühle lebhaft das Schändliche der Verbrechen, die Du mich hast begehen lassen, und meine Leidenschaft ist leider fort, die mich verhinderte, sie in ihrer ganzen Ungeheuerlichkeit zu sehen. Wann wird mein Herz zu Ruhe kommen? Wann werde ich einmal diese Pein los sein? Trotz alledem wünsche ich Dir, glaube ich, nichts Böses, und ich würde mich schließlich ohne Widerspruch hineinfinden, dass Du glücklich wirst. Aber wie in aller Welt könntest Du's sein, wenn Du ein Herz hast?

Ich werde Dir noch einen Brief schreiben, um Dir zu zeigen, dass ich vielleicht in einiger Zeit ruhiger bin. Es wird mir ein Genuss sein, Dir Deine Ruchlosigkeiten vorzuhalten, sobald sie mich nicht mehr so lebhaft berühren; und wenn ich erst soweit bin, Dir mitzuteilen, dass ich Dich verachte, dass ich imstande bin, mit großer Gleichgültigkeit davon zu sprechen, wie Du mich hintergangen hast, dass alle meine Schmerzen vergessen sind und dass ich mich Deiner nur erinnere, wenn's mir grade einmal einfällt!

Zugeben muss ich immer noch, dass Du große Überlegenheit über mich besaßest und dass Du mich mit einer Leidenschaft erfüllt hast, über der ich den Verstand verlor; aber Du darfst Dir nicht viel darauf einbilden. Ich war jung, leichtgläubig, seit meiner Kindheit eingeschlossen in diesem Kloster. Alle Menschen, die ich sah, waren nicht sehr einnehmend. So schöne Dinge, wie Du sie mir beständig sagtest, hatte ich nie gehört. Es kam mir vor, als verdankte ich Dir die Vorzüge und die Schönheit, die Du an mir entdecktest und mir zum Bewusstsein brachtest. Man sprach gut von Dir. Alle Welt war auf Deiner Seite. Du tatest alles, wessen es bedurfte, Liebe in mir aufzuregen: Aber ich habe endlich diese Verzauberung abgeschüttelt; Du hast mich redlich dabei unterstützt, und ich verberge Dir nicht, ich hatte solchen Beistand außerordentlich nötig.

Deine Briefe gehen an Dich zurück, nur die beiden letzten will ich sorgfältig aufbewahren und von Zeit zu Zeit lesen, noch öfter womöglich, als ich die ersten gelesen habe: Das wird mich vor allem Schwachwerden schützen. Sie sind mir teuer zu stehen gekommen, diese Briefe. Nichts als Dich weiterlieben dürfen, und ich wäre glücklich gewesen. Ich sehe, ich beschäftige mich noch viel zu viel mit meinen Vorwürfen und mit Deiner Untreue; doch, Du weißt, ich habe mir versprochen, einen ruhigeren Zustand zu erreichen, und ich werde es durchsetzen, oder ich muss irgendein äußerstes Mittel wider mich gebrauchen, das Dir nicht sehr nahegehen wird, wenn Du davon erfährst ... Aber ich will nichts mehr von Dir. Ich bin eine Närrin, dass ich immer wieder dasselbe sage. Dich aufgeben, nicht mehr an Dich denken, das ist alles, was nottut. Ich glaube sogar, ich werde nicht mehr schreiben.

Bin ich am Ende verpflichtet, Dir genaue Rechenschaft abzulegen über alle meine verschiedenen Gefühle? ...